ENEAGRAMA DAS PERSONALIDADES
TIPOS, SUBTIPOS E
MEDOS DO EGO

PRÓ-CONSCIÊNCIA
BRASÍLIA
2023

MÁRIO SALOMÃO

ENEAGRAMA DAS PERSONALIDADES TIPOS, SUBTIPOS E MEDOS DO EGO

Um olhar sobre os medos inerentes a cada tipo

Do mesmo autor de
A Mecânica do Medo

Pró Consciência®

Eneagrama das personalidades - Tipos, subtipos e medos © 2023

Editora-chefe: Lívia Borges
Coordenador do Conselho Editorial: Marcos de Araújo
Revisão: Pró-Consciência
Diagramação e capa: Madalena Araújo | MA Designer
Imagens: Web

Dados Internacionais de Catalogação na Publicação (CIP)
(Câmara Brasileira do Livro, SP, Brasil)

Salomão, Mário
Eneagrama das personalidades : tipos, subtipos e medos do ego : um olhar sobre os medos inerentes a cada tipo / Mário Salomão. -- Brasília, DF : Pró Consciência, 2023.

ISBN 978-65-86485-19-6

1. Autoajuda (Psicologia) 2. Autoconhecimento 3. Eneagrama 4. Medo - Aspectos psicológicos 5. Personalidade - Aspectos psicológicos
I. Título.

23-162664 CDD-155.26

Índices para catálogo sistemático:
1. Eneagrama : Personalidade : Tipologia: Psicologia 155.26
Aline Graziele Benitez - Bibliotecária - CRB-1/3129

Editora Pró-Consciência®
www.proconsciencia.com.br
Email: info@proconsciencia.com.br
@proconsciencia

DEDICATÓRIA

Dedico este livro aos meus pais e irmãos, pois, além de ter nascido no lugar certo e apropriado para minha evolução, deles recebi amor, apoio, tolerância e compreensão. Sou grato pelos constantes exemplos e atitudes reveladoras de amor, as quais se traduzem na melhor forma de educação, pelo exemplo; atitudes e dedicação.

Estendo essa dedicatória à querida amiga Lívia Borges, psicóloga, advogada e escritora; motivadora incontestável e editora desta obra com seu esposo Marcos de Araújo.

Expresso minha gratidão aos instrutores e colegas com os quais convivi durante os inúmeros e longos encontros de aprendizados a respeito do Eneagrama.

Gratidão a Deus pela honra em considerar que muitas vezes somos e podemos ser instrumentos transmissores de harmonia e bem estar, o que nos livra da ignorância da vaidade e nos mostra como é maravilhoso e o quanto nos facilita o caminho da simplicidade.

SUMÁRIO

11 **ENEAGRAMA DAS PERSONALIDADES.** TIPOS, SUBTIPOS E OS MEDOS INERENTES A CADA TIPO

15 A PERSONALIDADE HUMANA

17 OS NOVE TIPOS DE PERSONALIDADE

19 OS VINTE E SETE SUBTIPOS

21 OS CONTRAEGOS OU CONTRATIPOS

23 **TIPO 1: IRA.** *PERFECIONISTA* | RAIVA CONTIDA

27 **TIPO 2: ORGULHO.** PERFIL *BONZINHO* OU *SEDUTOR*, DEPENDENDO DO SUBTIPO.

31 **TIPO 3: VAIDADE.** MODELO DE PERFEIÇÃO

35 **TIPO 4: INVEJA.** COMPARAÇÃO E SENTIMENTO DE VÍTIMA

39 **TIPO 5: AVAREZA.** SENSAÇÃO DO MEDO DE PERDER O POUCO QUE TEM

43 **TIPO 6: MEDO.** PAIXÃO OU MECANISMO DE DEFESA?

47 **TIPO 7: GULA.** MEDO DA DOR E BUSCA INCESSANTE DO PRAZER

51 **TIPO 8: LUXÚRIA.** FORÇA, CAPACIDADE E CORAGEM OU MEDO DA FRAGILIDADE?

55 **TIPO 9: PREGUIÇA.** EGO MATERNAL

59 VIRTUDES

61 CONCLUSÃO

65 LEITURA RECOMENDADA

PREFÁCIO

Mário Salomão, escritor e palestrante, é um colega muito intuitivo e observador, que descobriu pontos essenciais do Eneagrama. Tivemos a oportunidade de estudar e aprender com o Dr. Claudio Naranjo, médico psiquiatra com especialização em Harvard e Berkeley; um dos maiores especialistas no que se refere ao "Eneagrama das Personalidades".

O Eneagrama pode ser considerado como um instrumento de autoconhecimento relacionado aos sete pecados capitais da milenar tradição cristã, mas aprimorado e originado no antigo esoterismo da tradição sufi, e trazido ao ocidente contemporâneo por meio de G. I. Gurdjieff (c. 1866 – 1949). Naranjo o classifica como uma espécie de "Cristianismo Esotérico" que Gurdjieff chamava de "Quarto Caminho."[1] O Eneagrama considera os tipos básicos de personalidade baseados em nove principais obstáculos à felicidade da verdadeira virtude espiritual que se assemelham a um desdobramento das sete paixões fundamentais ou dos sete pecados capitais da tradição cristã em nove tipos, chamados *eneatipos*, a saber: 1) Ira; 2) Orgulho; 3) Vaidade; 4) Inveja; 5) Avareza; 6) Medo; 7) Gula; 8) Luxúria; e 9) Preguiça. Esses nove obstáculos podem ser comparados a facetas ou, por analogia, a nuvens do nosso ego psicológico que, dessa forma, nos impedem de perceber a luz do nosso verdadeiro Sol ou Ser espiritual, que fica assim ocultado em por mente e suas máscaras.

Nesta obra, o autor desenvolve de modo agradavelmente sintético, mas preservando a essência de cada um destes 9 tipos de personalidade, inclusive aprofundando os 27 subtipos, incluindo a sugestiva ideia do contratipo, que se constitui em mais uma máscara do ego psicológico. É pelo autoconhecimento que vamos nos libertando desses mecanismos psicológicos de defesa, usualmente inconscientes e automáticos,

1 NARANJO, Claudio. *Os Nove Tipos de Personalidade*. Rio de Janeiro: Objetiva, 1977, p. 30.

e vamos conseguindo expressar o nosso brilho natural, de modo a nos tornarmos mais plenos de paz e felicidade.

Mário Salomão, além da sua grande síntese, se mostra como um excelente facilitador através suas palestras e outras obras, destacando *A Mecânica do Medo*.

Em homenagem ao nosso professor comum, Dr. Naranjo, cito algumas de suas palavras sobre o efeito do Eneagrama em sua vida: "Eu poderia dizer que o eneagrama do Sarmouni atuou como um imã na minha mente que reuniu as partes do conhecimento psicológico que, até então, estavam separadas, um fator catalisador e organizador que fez com que o caos relativo das informações adquirisse um padrão mais preciso."[2]

Dessa forma, a presente obra é oferecida ao leitor como uma chave de autoconhecimento que pode transformar a visão da vida e seu significado, dependendo apenas da profundidade com que o leitor desejar ingressar nesse caminho de autotransformação e libertação da consciência.

Agradecimentos são devidos a todos que contribuíram para esta publicação.

Brasília, 13 de agosto de 2023.

Ricardo Lindemann

Doutor em Ciência da Religião e Mestre em Filosofia

2 *Ibidem*, p. 31.

ENEAGRAMA DAS PERSONALIDADES

TIPOS, SUBTIPOS E OS MEDOS INERENTES A CADA TIPO

A palavra **Eneagrama** é originada do Grego. *Ennea* significa "nove" e *grammos*, "desenho, figura". "Desenho de nove", codificado através de uma estrela de nove pontas, inscrita em um círculo, que retrata um sistema de nove tipos de personalidade, com vinte e sete subtipos e respectivas virtudes para cada tipo, relacionados a três centos de energia.

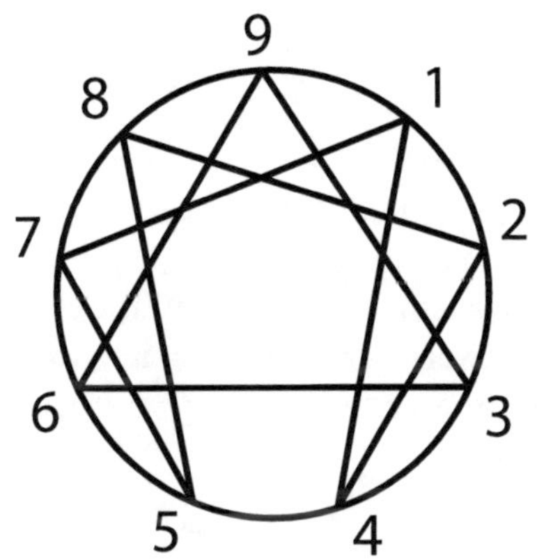

Trata-se de um estudo de tipologia humana baseado nos pecados capitais, que são conhecidos em número de sete. Porém na referência do Eneagrama são nove, pois orgulho e vaidade são distintos e o medo também faz parte dessa classificação. Fácil de entender, pois orgulho e vaidade têm conotações diferentes, e o medo tem a conotação de covardia. Vamos desenvolver melhor o entendimento na descrição dos tipos e subtipos.

Interessante também que esse poderoso ensinamento **redescoberto** neste século, proporciona muitas outras expressões do conhecimento, além do que estamos tratando, ou seja, de um sistema peculiar de tipologia humana.

Para os estudiosos do tema, muitas vezes, somente pela aparência ou biótipo, e até algumas simples atitudes, é possível detectar o tipo, e até mesmo o subtipo de um indivíduo. Outras vezes se torna uma tarefa mais difícil, devido a diversos fatores, sendo um deles o próprio processo evolutivo de cada pessoa.

O tipo continua sendo o mesmo com a evolução, mas o que se observa é que o indivíduo deixa de ser escravo do seu próprio ego, e de certa forma o coloca a seu serviço.

Nosso objetivo, além de oferecer elucidação a respeito do tema, traz como ênfase identificar o principal medo relacionado a cada tipo.

Esporadicamente são ministrados cursos ou *workshops* de Eneagrama por especialistas ou estudiosos, e o ideal é que tais cursos tenham um número considerável de participantes para que seja possível uma distribuição em equipes. Após narrados os tipos, as pessoas escolhem suas equipes de acordo com sua primeira identificação ou são indicadas pelo instrutor, para que ao serem questionadas ou conversarem sobre questões pessoais, confirmem ou não a identificação anterior até que encontrem seus "irmãos de ego".

> Com a evolução, o tipo continua sendo o mesmo, mas o indivíduo deixa de ser escravo do seu próprio ego, e de certa forma, o coloca a seu serviço.

INSTINTIVO

EMOCIONAL

MENTAL

A PERSONALIDADE HUMANA

Diferente de outras compreensões, o Eneagrama considera a personalidade um "falso eu" que se desenvolve para que seu "eu verdadeiro", ainda com sua vulnerabilidade, possa se adaptar e sobreviver ao mundo (relacionamentos) e suas intempéries.

A personalidade traz o que se enxerga e o que não se enxerga a respeito de si mesmo, ou seja, se manifestando como ego e sombra. Muitos sentimentos ditos ruins são relegados à sombra se tornando inconscientes e o mesmo pode também acontecer com qualidades positivas de certa forma inibidas pelos mais diversos fatores. É notória a rejeição de muitos aspectos da sombra por causarem desconforto e mal- estar, mas o fato de relegar permite a manifestação de problemas muitas vezes inesperados.

Assim, desenvolver nosso "eu verdadeiro" exige conscientização, aceitação e integração de todos os nossos ditos "eus", inclusive nossos elementos sombras, até que vistos e reconhecidos. O estudo do Eneagrama muito pode nos auxiliar nesse propósito. Ele nos facilita a identificar os padrões específicos de personalidade, assim como as sombras que os acompanham, ao descrever de forma sistêmica as características e hábitos dos nove tipos de personalidades ("falsos eus") e seus vinte e sete subtipos. Isso, considerando cada personalidade de acordo com seu **centro de inteligência predominante**: O INSTINTIVO, O EMOCIONAL e O MENTAL.

Além disso, em um nível mais profundo cada tipo se divide em três subtipos (nove tipos e vinte e sete subtipos) que se baseiam em três **instintos básicos:** autopreservação, interação social e conexão sexual. Pra facilitar: PRESERVACIONAL, SOCIAL e SEXUAL. Logo adiante vamos esclarecer melhor essa classificação.

Na descrição dos tipos e subtipos, o Eneagrama nos auxilia a identificar os padrões de personalidade, assim como as sombras correlacionadas. Dessa forma, esse agrupamento forma o desenho desse antigo símbolo místico.

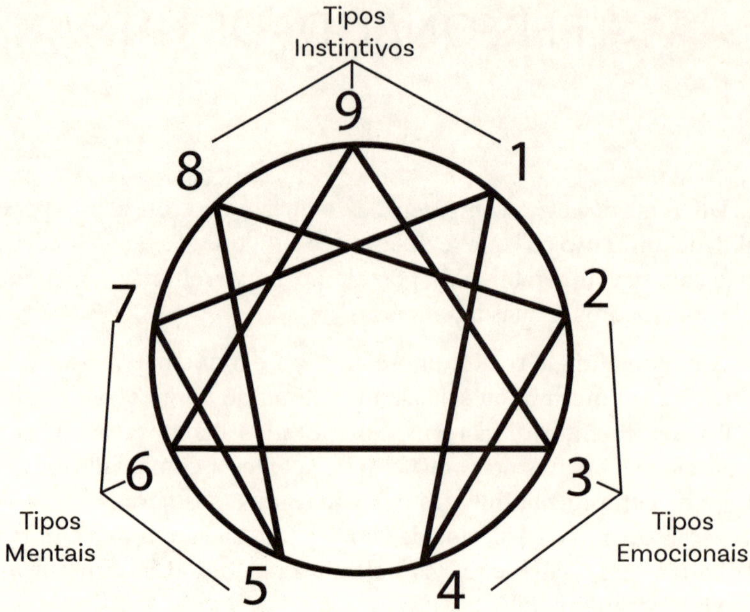

O CENTRO **INSTINTIVO**
compõe os tipos 8, 9 e 1, tem funcionamento ativo em relação aos movimentos físicos correspondentes às funções ligadas ao instinto.

O CENTRO **EMOCIONAL**
compõe os tipos 2, 3 e 4, regula as funções emocionais e sentimentais.

E O CENTRO **MENTAL**
relacionado aos tipos 5, 6 e 7, regula as funções intelectuais.

Observe que o 3, o 6 e o 9 estão nos vértices do triângulo, direcionando que todos os tipos passam pelos três de referência.

OS NOVE TIPOS DE PERSONALIDADE

Importante lembrar que todos passamos por todas as características de todos os arquétipos, mas ao detectarmos nosso tipo perceberemos o mesmo como "carro chefe", através dos seus padrões específicos automatizados.

Ao analisarmos as facetas da personalidade, torna-se impossível negar a influência do medo na sua formação e sua presença nos principais mecanismos de defesa, não só ao nível físico, mas também ao nível "moral", e nesse caso ligado à aceitação, inclusão, e até mesmo sobrevivência como consequência.

Medo de não ser aceito(a), medo de não ser amado(a).

Reprisando:

Tipos do centro **instintivo**:
tipo 1 (ira)
tipo 8 (luxúria)
tipo 9 (preguiça)

Do centro **emocional**:
tipo 2 (orgulho)
tipo 3 (vaidade)
tipo 4 (inveja)

E do centro **mental** (intelecto):
tipo 5 (avareza)
tipo 6 (medo)
tipo 7 (gula)

Ao analisarmos as facetas da personalidade, torna-se impossível negar a influência do medo na sua formação e sua presença nos principais mecanismos de defesa.

SEXUAL

PRESERVACIONAL

SOCIAL

OS VINTE E SETE SUBTIPOS

Para cada tipo existem três possibilidades de versões ou subtipos. Então são vinte e sete subtipos para os nove tipos.

Subtipos **(objetivos instintivos)**: PRESERVACIONAL, SOCIAL e SEXUAL.

INSTINTO PRESERVACIONAL: foca a atenção e direciona seu comportamento baseado nas questões da sobrevivência e segurança no âmbito material. Tende a se preocupar com sua segurança, proporcionar condições para evitar perigos ou problemas de um modo geral e manter um senso básico de bem estar.

INSTINTO SOCIAL: foca sua atenção e direciona seu comportamento para questões relacionadas à aceitação, reconhecimento e pertencimento. Busca pertencer à "tribo", ao "bando". Família, comunidade e grupos de maneira geral (clubes, instituições, esporte, escola, etc.).

INSTINTO SEXUAL: foca sua atenção e molda seu comportamento na qualidade e condições das relações com indivíduos específicos. Tende a direcionar sua energia para a realização e manutenção de conexões sexuais, atração e interação. Naturalmente busca a sensação de bem estar nas relações e conexões "um a um".

Claro que as três características se manifestam em cada tipo, sendo que uma delas é a dominante. E quando a força biológica de um instinto se interage com a "paixão", gera uma expressão ainda mais característica da personalidade, resultando no subtipo.

SUBTIPO

TIPO

CONTRATIPO

OS CONTRAEGOS OU CONTRATIPOS

Muito interessante que para cada tipo, um dos subtipos é um contratipo. Assim, dois subtipos se direcionam seguindo o fluxo da paixão relacionada e outro se direciona de forma contrária, diferenciando-se por esse motivo.

Vamos exemplificar com o TIPO 6 (medo): Dois dos subtipos, têm diversas características relacionadas às manifestações do medo. O PRESERVACIONAL e SOCIAL, enquanto outro rejeita o medo e tem atitudes e confronto, enfrentamento e intimidação. Trata-se do Contra-fóbico. Porém, para uma perfeita identificação do "contratipo" em cada tipo é preciso certa experiência com o Eneagrama. Melhor estudar e observar com calma que a compreensão começará a se manifestar.

Acredito que para os que estão entrando em contato com o assunto pela primeira vez, tudo isso pode parecer bastante complicado. A sugestão é que essa impressão não seja levada tão a sério e que não seja forçada uma qualificação de imediato. Mais importante é observar as características, com as quais você se identifica e reconhecer que a transformação delas lhe trará grandes benefícios. Acredito que o assunto se tornará mais interessante quando cada tipo será explicado em detalhes juntamente com seus devidos subtipos.

Recomendo aos iniciantes que em uma segunda leitura, antes de ler a respeito dos subtipos, leia e releia cada tipo (FOCO DE ATENÇÃO, PADRÕES DE PENSAMENTO E SENTIMENTO, PADRÕES DE COMPORTAMENTO, PAIXÃO e, principalmente, a SÍNTESE), até fixar bem as principais características. Depois sim, recomendo ler novamente em sequência as informações de referência de cada arquétipo.[3] Assim ficará mais fácil o entendimento, para que a leitura gere conhecimento e principalmente utilidade, no sentido de foco nas questões a serem tratadas e também no sentido de facilitar os relacionamentos de um modo geral.

Na conclusão de cada tipo, vamos deixar algumas linhas pra que você possa escrever as características com as quais se identifica. Talvez isso facilite reconhecer-se nesse trabalho, mas recomendo que faça isso de forma desprendida, visando como salientado fixar ainda mais caracteres que precisa ou deseja transformar.

O principal objetivo
é utilizar o Eneagrama de forma construtiva.

Para cada tipo, um dos subtipos é um "contratipo".

Assim, dois subtipos se direcionam seguindo o fluxo da paixão relacionada e outro se direciona de forma contrária.

3 Arquétipo - (do grego ἀρχή - *arché*: "princípio", "posição superior"; τύπος - *tipós*: "marca", "tipo"). São padrões inatos de expressão e desenvolvimento da psique que moldam o comportamento. Segundo Carl G. Jung, os arquétipos estão no âmbito do inconsciente coletivo e são compartilhados por toda humanidade. São disposições universais inconscientes que se revelam por meio do imaginário, símbolos, sonhos, tradições e lendas. N.E.

TIPO 1: IRA

PERFECIONISTA | RAIVA CONTIDA

Foco de atenção: O TIPO **1** concentra-se em notar erros, sendo isso proveniente do desvio de um ideal gerado internamente, ao discernir entre o certo e o errado, de acordo com suas condições, é claro; e em confiar em regras e estruturas, além de criar as suas próprias.

Padrões de pensamento e sentimento: Emocionalmente, é muito comum o TIPO 1 se sentir ressentido ou irritado, ou ainda conter a raiva. Como a agressividade entra em conflito com sua crença que sentir e expressar raiva não é uma atitude conveniente, a ira e todos os impulsos instintivos de maneira geral, por serem retidos, logo se manifestam em forma de RESSENTIMENTO, IRRITABILIDADE, CRÍTICAS (bastante) e certo nível de ARROGÂNCIA, pois ele mantém em si a sensação de saber o que é melhor. Sensação de ser "dono da verdade". O TIPO **1** acredita que há um jeito certo de agir, de fazer as coisas, e que as pessoas deveriam fazer o possível para serem mais perfeitas.

Padrões de comportamento: Podem ser vistos como rígidos ou bastante estruturados, com apegos a RITUAIS ou formas repetidas de agir, com tendências obsessivas compulsivas. Geralmente seguem regras, são confiáveis, éticos e trabalham com afinco.

Paixão: IRA. Que aparece de forma reprimida no TIPO **1**, sendo uma forma de ressentimento em busca de uma solução, ao perseguir a perfeição e a virtude. Assim, demonstra rejeição e hostilidade à imperfeição e se empenha para que tudo se ajeite com seu ideal de como deveria ser.

Como uma das suas características é a INADAPTABILIDADE se empenha para que os outros se adaptem aos seus ideais.

SUBTIPOS 1

TIPO 1 Autopreservação ou Preservacional: Preocupação

Dos três, o tipo 1 preservacional é o verdadeiro perfeccionista. Expressa a paixão da ira através do trabalho duro, buscando a perfeição de si mesmo e das coisas. Nesse subtipo a emoção mais reprimida e controlada é a ira. Sendo o mecanismo de defesa, e porque não dizer, de autodefesa, transformar a raiva em cordialidade, resultando em um caráter de aparência bondosa.

TIPO 1 Social: Rigidez ou Inadaptabilidade

Mesmo que inconscientemente se considere perfeito, expressa a Ira focando no que considera um modelo perfeito e claro, agindo da "forma certa", segundo sua convicção. Tem uma sensação de superioridade normalmente com ares e comportamentos professorais. Muitas vezes camufla o calor da ira, demonstrando e agindo com frieza. Assim, seu notório controle pode ser muito bem pautado na frieza e na intelectualidade.

TIPO 1 Sexual: Fervor

Esse é o contratipo ou contraego. Concentra-se em aperfeiçoar os outros, sendo mais reformador que perfeccionista. Nesse é o único dos três subtipos em que a Ira é mais explícita, agindo através dela em um desejo intenso de "melhorar" os outros e conseguir o que deseja. Como um reformador ou fanático, sente-se no direito, de mudar seus ambientes ou mesmo a sociedade e conseguir o que quer. Contrariando a tendência do tipo 1 de controlar suas emoções e a expressão delas, esse subtipo externa sua impulsividade e braveza, caracterizando-se dessa forma como contraego.

SÍNTESE - TIPO 1: Esse perfil de personalidade é gerado pelo medo da perda de controle, pois desde o início da infância, a criança, diante da autoridade do pai ou da mãe, percebe que se reagir ou demonstrar qualquer sentimento de raiva levará a pior. Nesses casos aprende a controlar a expressão de sua raiva, e também dos outros sentimentos como consequência, tornando-se uma pessoa com tendências rígidas e autoritárias, e com um alto grau de exigência em relação a si e aos outros. São excessivamente críticas, expressando ou não por meio da fala. Podem ter fortes tendências a comportamentos obsessivos compulsivos. Têm predileção por rotinas definidas e evitam mudanças no dia a dia. Ficam decepcionadas quando as pessoas não fazem sua parte e nem sempre têm facilidade para esquecer ressentimentos. Geralmente cumprem com o que propõem.

Nesse tipo a predominância masculina é maior que a feminina.

DICA PARA CONVIVÊNCIA COM ALGUÉM DO TIPO 1

Para estar em harmonia com um TIPO 1, se for do seu interesse, ofereça auxílio com as tarefas do dia, tenha tempo disponível, escute com atenção suas preocupações e mantenha sua organização (muito importante).

Principal medo relacionado ao TIPO 1 é
o **medo de perder o controle**.

ESPAÇO PARA REFLEXÃO

Como você se sente quando as coisas não saem do jeito que você gostaria ou do jeito que acredita que elas deveriam ser? Faça essa mesma pergunta refletindo sobre seus diferentes relacionamentos - família (ascendente, descendente e relacionamento a dois), amigos, colegas de trabalho, superiores, subordinados, pessoas desconhecidas, prestadores de serviços. Veja se há diferença em suas expectativas, nível de tolerância ou de irritabilidade.

....

....

....

....

....

Descreva também qualquer característica ou lembrança relevante relacionada ao TIPO 1/SUBTIPOS que tenha despertado a sua atenção, incômodo ou tenha se identificado:

TIPO 2: ORGULHO

PERFIL *BONZINHO* OU *SEDUTOR*, DEPENDENDO DO SUBTIPO.

Foco de atenção: O TIPO 2 foca em relacionamentos. Ganhar aprovação, muitas vezes seduzindo por meio das utilidades que pode proporcionar como forma de suprir suas necessidades renegadas. Tem uma percepção refinada das pessoas que o rodeiam e se alinham com as condições de humor, facilitando suas chances de conexão.

Padrões de pensamento e sentimento: Por medo da rejeição tende a reprimir os sentimentos que considera contrários aos que contribuem para agradar os outros. Quando não consegue mais reprimir as emoções, pode demonstrar raiva, ansiedade e ressentimento. Também expressa felicidade, objetivando mostrar ser querido pelos outros.

Padrões de comportamento: O TIPO 2 tende ao otimismo, à benevolência e ao excesso de energia, embora isso às vezes pode ser uma forma de esconder ou compensar suas necessidades reprimidas, ou uma tendência à depressão que pode se manifestar. É bastante motivado e trabalhador, principalmente se o objetivo for servir ao próximo ou trabalhar em um projeto em que sinta bastante engajado. Porém, pode também tender ao hedonismo ou a auto indulgência. Esse tipo especificamente é capaz de assumir um papel de mártir, sacrificando suas necessidades e desejos em prol e para conquistar os outros, e depois sofrer por isso.

Paixão: ORGULHO. Uma necessidade de inflar o ego por meio de uma falsa generosidade em forma de sedução e elevação pessoal. O orgulho de certa forma, alimenta uma necessidade e padrão de auto idealização e grandiosidade, encoberto pela desvalorização e autocrítica.

Importante frisar que,
independentemente das "mazelas do ego",
as pessoas têm características realmente boas e genuínas,
e nessas explanações a intenção
é mostrar onde estão os pontos a serem observados
e possivelmente transformados.

SUBTIPOS 2

TIPO 2 Preservacional: Privilégio ou Primeiro Eu

Esse é o contratipo ou contraego. No TIPO 2 Preservacional a sedução é semelhante ao comportamento de uma criança na presença de adultos, de certa forma induzindo os outros a tomar conta dela. Por isso adotam um comportamento emanando uma energia pueril, visando receber tratamento especial. Como contratipo não é fácil perceber orgulho nesse TIPO 2 em virtude de ser mais medroso e ambivalente em relação aos outros. "Primeiro Eu ou Privilégio" advém do desejo de ser amado e priorizado pelo que é, e não pelo que dá. Tende a ser brincalhão, irresponsável e charmoso, refletindo a postura pueril.

TIPO 2 Social: Ambição

É um sedutor de ambientes e grupos. Trata-se de um poderoso líder em que o orgulho se manifesta na satisfação em conquistar as pessoas. Isso geralmente acontece de forma bastante intensa e muitas vezes descarada. Cultiva a imagem de ser influente, super competente e digno de admiração. O nome "Ambição" traduz o desejo de estar no topo, e claro, por isso, receber vantagens e benefícios. Esse tipo dá com a intenção de receber e sempre assume uma postura estratégica ao expressar sua generosidade. Ou seja, sua generosidade tem um preço.

TIPO 2 Sexual: Sedução/Agressão

Seduz indivíduos específicos, nível um a um, com o objetivo de suprir suas necessidades e desejos, assim como de alimentar seu orgulho. Pode-se dizer que é similar ao arquétipo da "*femme fatale*" (ou o seu equivalente masculino), pois recorre a métodos clássicos de sedução para atrair seu parceiro para suprir suas necessidades e conseguir o que dali quer. Sedução/Agressão sugere uma personalidade bastante atraente, mas que deseja exercer algum poder. Energeticamente, pode ser uma pessoa "irresistível" que inspira grandes paixões e sentimentos, como forma de encontrar e preencher suas necessidades.

SÍNTESE - TIPO 2: Ainda nos primórdios da infância, por medo de ficar só, e pela falta de atenção e amor verdadeiro por parte dos pais desenvolve tais características. Nesse caso, mesmo quando os pais cuidavam da criança de maneira considerada satisfatória, provavelmente o "cobertor" não era suficiente para o "frio", tratando o assunto metaforicamente, é claro. Em contrapartida, é gerado um mecanismo de defesa pautado no orgulho e muitas vezes, postura de mais valia para esconder sua fragilidade, e responder ao mundo, muitas vezes de forma inconsciente, por não ter sido considerada por seu devido valor. Em situações de impasse ou confronto, por meio das atitudes, é como se dissessem: ***"eu não preciso de você"***, ou até mesmo: ***"você é quem precisa de mim"*** (subtipo sexual).

A busca incessante de atenção torna-se um foco tão predominante que é possível que, ao encontrar o que tanto deseja, não valorize tanto, em razão de dar importância principal ao que ainda não foi conquistado. Têm um padrão de sedução que pode se manifestar através da gentileza (simpatia) ou expressões ligadas à sensualidade, também de acordo com o subtipo, é claro. Generalizando, imagine aquela "bebezinha" que até recebia bons cuidados, mas no âmbito sensorial não sentia de forma "garantida" o amor dos pais. Daí, ao dar um sorrisinho ou fazer alguma expressão engraçada recebe elogios. E, como a criança confunde aprovação com amor, começa ali um padrão de sedução que se desenvolve ao longo do tempo de acordo com as circunstâncias e carências inerentes a cada história. Não devemos generalizar, mas algumas podem ter tendência ao histerismo em situações exacerbadas.

Nessa classificação o número de mulheres é predominante.

DICA PARA CONVIVÊNCIA COM ALGUÉM DO TIPO 2

Para se harmonizar com um TIPO 2 pergunte sobre seu dia e sua rotina, demonstre interesse pelas suas coisas, demonstre carinho e gentileza, faça pequenas surpresas e auxilie com seus planos e tarefas.

Como nos outros tipos, mas de forma proeminente, o **medo da solidão** é bastante inerente a esse tipo.

ESPAÇO PARA REFLEXÃO

Como você se sente quando não recebe a atenção que gostaria? Faça essa mesma pergunta refletindo sobre seus diferentes relacionamentos e ambientes. Observe seus comportamentos para obter atenção e como se sente quando consegue. Descreva também qualquer característica ou lembrança relevante relacionada ao TIPO 2/SUBTIPOS que tenha despertado a sua atenção, incômodo ou tenha se identificado:

....

....

....

....

....

....

....

....

....

....

....

....

....

....

....

TIPO 3: VAIDADE
MODELO DE PERFEIÇÃO

Foco de atenção: Foca sua atenção em metas e tarefas, visando criar uma imagem de sucesso que seja vista e apreciada. Tende a perder o contato com quem realmente é em razão de se identificar com seu trabalho e afazeres, acreditando que é o que faz.

Padrões de pensamento e sentimento: Para o TIPO 3 o pensamento se fixa em "fazer"- realizar metas e tarefas. Embora seja um tipo emocional, evita lidar com seus sentimentos, que possam lhe impedir de fazer algo. Ao desacelerar, as emoções podem vir à tona. Pode sentir tristeza ou ansiedade, por desejar mais reconhecimento pelo que faz, e não necessariamente pelo que é. Pode demonstrar uma raiva impaciente quando alguém ou as circunstâncias de alguma forma interfere nos seus objetivos.

Padrões de comportamento: Tende a ser um(a) *workaholic,* mas não obrigatoriamente. Uma das suas características, além de fazer bem feito, é a agilidade. Sente bastante dificuldade em desacelerar. Produtividade e eficácia geralmente são resultantes desse tipo de foco.

Paixão: VAIDADE. Uma preocupação constante com a própria imagem, ou seja, a importância de ser visto pelo outro. Melhor, ser visto pelo "fazer bem feito". Atender às expectativas com primazia. Por isso tende a apresentar uma imagem falsa, pois procura se moldar a qualquer imagem que considere mais adequada ou mais bem sucedida de acordo com o contexto.

SUBTIPOS 3

TIPO 3 Preservacional: Segurança

Esse é o contratipo, e por isso seu senso de vaidade é não ter vaidade. Claro que também quer ser admirado, mas evita buscar o reconhecimento abertamente. Por não se satisfazer em apenas se ver bem, tem como determinação ser uma pessoa boa, assumindo o modelo de perfeição "ideal": virtude, implicando a falta da vaidade. Assim, esse tipo busca sua segurança na capacidade de ser bom. Trabalho duro, eficácia e produtividade.

TIPO 3 Social: Prestígio

Seu foco está na conquista, preservando uma boa imagem e completude no trabalho. Sua vaidade se manifesta no desejo de ser visto e em ter influência sobre as pessoas, pois adora estar no palco e ser o centro das atenções. Além do que, tem facilidade em ascensão na escala social, assim como em chegar ao sucesso. Dentre os três subtipos é o mais agressivo e competitivo. Apresenta as condições necessárias para se ver bem e tem mentalidade corporativa e normalmente uma alta performance em vendas.

TIPO 3 Sexual: Masculinidade/Feminilidade

Foca sua realização na sua atração pessoal ou em dar suporte aos outros. Não nega, nem motiva sua vaidade. Ela simplesmente está ali, criando uma imagem atrativa ou promovendo quem é importante. Por normalmente ter dificuldade de falar de si, coloca o foco em quem quer apoiar. Dessa forma, dedica bastante energia em agradar os outros, além de ter uma mentalidade de equipe e de família.

SÍNTESE - TIPO 3: As perfeitas filhas, alunas, esposas ou funcionárias, normalmente têm em suas atitudes o padrão do constante fazer bem feito. O problema é que pelo medo de não satisfazer as expectativas, não serem aceitas, inclusas e amadas, vestem a mascara da perfeição, que só tiram pra dormir, e algumas nem isso fazem. Sua vaidade, muito mais que para a aparência física (mas que também não fica de fora), é voltada para satisfazer as expectativas do mundo, originariamente dos pais. Com algumas semelhanças com tipo anterior, imagine aquela criancinha que também no âmbito sensorial não sentia de forma "garantida" o amor dos pais, e ao fazer algo interessante, como um desenho ou outra manifestação, recebe elogios, e começa a acreditar que fazer coisas legais dá resultado. No processo de auto-proteção e auto- preservação muitas vezes a criança e também o adulto, ainda com questões imaturas, confunde aprovação com amor, e por isso se promove por meio do fazer bem feito e receber amor e reconhecimento. Assim, tem também facilidade em transformar falhas em sucesso.

Nesse tipo a predominância também é feminina.

DICA PARA CONVIVÊNCIA COM ALGUÉM DO TIPO 3

Para uma boa convivência com o TIPO 3, seja generoso comemorando suas conquistas. Seja honesto e fale com carinho, demonstre interesse pelo seu trabalho e edificações e elogie pelas coisas que ele realmente é.

Principal medo relacionado ao TIPO 3 é

o **medo de não satisfazer as expectativas do "mundo".**

ESPAÇO PARA REFLEXÃO

Como você se sente quando acha que não satisfaz as expectativas das pessoas? Faça essa mesma pergunta refletindo sobre seus diferentes relacionamentos e ambientes. Observe seus comportamentos para procurar advinhar o que os outros esperam de você e o medo que sente em possivelmente frustrá-los ou que eles descubram que você não é isso tudo que parece.

....

....

....

....

Descreva também qualquer característica ou lembrança relevante relacionada ao TIPO 3/SUBTIPOS que tenha despertado a sua atenção, incômodo ou tenha se identificado:

....

....

....

....

....

....

....

....

....

....

....

....

....

....

....

....

....

....

....

....

....

TIPO 4: INVEJA
COMPARAÇÃO E SENTIMENTO DE VÍTIMA

Foco de atenção: O foco de atenção do TIPO 4 está nos sentimentos: seus, dos outros e na conexão e desconexão consigo mesmo. Por falta de valor próprio, procura experiências que idealiza, de qualidades que percebe fora de si.

Padrões de pensamento e sentimento: Valoriza muito as expressões, das emoções (dramatização), desde que autênticas ou intensas. Tem padrões de pensamento mais no que falta, e anseia por algo que considera ideal, mas que de certa forma está indisponível. Tem notável apreciação por interações significativas baseadas em sentimentos reais e nesse nível de intensidade, tende a uma sensibilidade estética, onde procura manifestar sua experiência emocional por meio da expressão artística. Em suas exacerbações, tende a se identificar bastante com seus sentimentos, muitas vezes vivenciando com intensidade a melancolia ou a raiva.

Padrões de comportamento: Pode ser uma pessoa reservada e retraída, ou cheia de energia, bastante ativa, ou ambos, de acordo com as circunstâncias. Emocionalmente intuitivos e intensos. De acordo com os subtipos, mas em geral, não teme conflitos e quando se engaja em algo de forma apaixonada, trabalha de maneira incansável, mostrando com acuidade admirável todos os detalhes a serem tratados.

Paixão: INVEJA. A inveja se manifesta em um anseio ou sensação dolorosa de falta por aquilo que gostaria de ter ou de ser. Por aquilo que imagina faltar. Para esse tipo, a inveja provém de uma sensação de perda na infância, muitas vezes proveniente de rejeição, abandono, maus tratos, que o leva a uma percepção de que as coisas boas estão fora de sua experiência. De alguma forma cria necessidades pelas coisas que deseja, mas que "ainda" não tem. Com freqüência as necessidades criadas podem estar relacionadas às questões afetivas.

SUBTIPOS 4

TIPO 4 PRESERVACIONAL: TENACIDADE

Esse é o contratipo ou contraego. Caracteriza-se pela alta capacidade de suportar sofrimentos, enfatizando sua imensa dor interna, e por ser o contratipo não compartilha com outros tanto quanto os dois outros subtipos. Aprende a tolerar a dor e a se virar com seus problemas como forma de ser aceito e ser amado. Ao invés de potencializar a inveja resolve trabalhar duro com a finalidade de conquistar o que os outros têm e ele não. Mais masoquista do que melodramático. Exige bastante de si e além de ter intensa necessidade de suportar a dor tem paixão pelo esforço.

TIPO 4 SOCIAL: VERGONHA

É o subtipo mais sensível. É o que mais sofre e mais se envergonha. Quando recorre a movimentos de sedução para suprir suas necessidades, a inveja reforça e intensifica o foco na vergonha e no sofrimento. A inveja se intensifica no lamento excessivo, adotando o papel de vítima, focando de certa forma o sentimento de inferioridade. Tudo indica que esse subtipo experimenta um senso de conforto na melancolia. Por ter a sensação que lhe falta algo não se trata de um subtipo competitivo.

TIPO 4 SEXUAL: COMPETIÇÃO

Provoca o sofrimento nos outros na tentativa inconsciente de se livrar de sua própria dor e deficiência. Nega seu sofrimento e tem menos vergonha, e expressa mais suas necessidades, podendo exigir mais dos que lhe rodeiam. Ao buscar ser melhor manifesta a inveja por meio da competição. No seu contexto, demonstra através da inveja, querer inconscientemente transformar sua dor em raiva por não conseguir o que quer dos outros.

SÍNTESE - TIPO 4: Pessoas que tem profundo medo da rejeição e do abandono, geralmente vivenciaram tais sentimentos na infância. Como foram rejeitadas ou desprezadas, descobriram de forma inconsciente uma maneira eficiente de conseguir a atenção através do choro, ou da reclamação, nem que fosse para receber algum tipo de repreensão verbal, ou até mesmo física. Desde então passam a desenvolver um sentimento de vítima e um mecanismo de chamar a atenção por meio da dor. Dando continuidade a isso, tornam-se bastante queixosas em relação a si mesmas e aos outros, geralmente pautadas em razões profundas.

Mesmo as que não expressam suas queixas, têm tendência depressiva e, nas relações, sentem-se de tal forma que, para elas, tudo que recebem é pouco, como um "saco sem fundo". Mesmo em um relacionamento satisfatório, muito pouco pode contribuir para que desconfie dos verdadeiros sentimentos de seu parceiro ou amigos, e de alguma forma é importante que o amor ou a amizade sejam reafirmados ou demonstrados com certa constância. Sentem notável carência afetiva, e nas relações afetivas tendem a ser possessivos e ciumentos, pois tem muito medo de perder seus parceiros. Não obrigatoriamente, mas de certa maneira, são dadas à expressão artística romântica, dramática e lamuriosa. Sonham com uma possibilidade melada por um romantismo intenso.

As pessoas desse tipo, muitas vezes têm tendências e facilidade para abusar da boa vontade alheia com compridas histórias de sua vida trágica, geralmente se apresentando como vítimas, embora não gostem de serem referenciadas como coitadas; e outras vezes se vangloriam por se mostrarem capazes de ter passado pelo que passaram ou que estão passando. Nesses e em outros casos, encerrar um assunto com esse tipo de personalidade, nem sempre é uma tarefa fácil, devendo ser feita com critério por serem muito sensíveis ao sentimento de rejeição, mas extremamente egoístas ao "alugarem" o ouvido dos seus semelhantes. Sensível às críticas gosta de se sentir diferente dos outros.

Nesse arquétipo a predominância também é feminina.

DICA PARA CONVIVÊNCIA COM ALGUÉM DO TIPO 4

Para ser gentil com um TIPO 4 converse abertamente dando espaço para seus sentimentos, pergunte sobre seu dia e sobre suas histórias, esteja aberto e disposto a conversar, elogie as pequenas coisas que perceber.

O principal medo do TIPO 4 é

o **medo da rejeição.**

Caricatura de um TIPO 4:

Certa vez uma senhora, em uma viagem noturna em um trem europeu, incomodava as pessoas que queriam dormir repetindo incessantemente a seguinte frase: ***"Ai que sede que eu tenho!" "Ai que sede que eu tenho..."*** Depois de bastante tempo, um rapaz, provavelmente brasileiro, levantou-se e serviu um copo d'água àquela senhora, que com uma voz trêmula lhe respondeu: "Obrigado meu jovem!"

Os passageiros acreditaram que em fim iriam dormir, mas não deu dez minutos e ela começou a falar novamente, e dessa vez: ***"Aaaii que sede que eu tinha..."*** E assim por diante!

É desse jeito!!!

Importante dizer que,
com o processo evolutivo, é possível o controle, amenização
e até mesmo a libertação dos processos de carência!

Ainda bem!!!

ESPAÇO PARA REFLEXÃO

Como você imagina a vida alheia? Você tem o hábito de comparar-se com outras pessoas? Parece que os outros são mais felizes ou possuem mais potencial do que você? Descreva também qualquer característica ou lembrança relevante relacionada ao TIPO 4/SUBTIPOS que tenha despertado a sua atenção, incômodo ou tenha se identificado:

....

....

....

....

....

....

TIPO 5: AVAREZA
SENSAÇÃO DO MEDO DE PERDER O POUCO QUE TEM

Foco de atenção: Geralmente o TIPO 5 observa o que está acontecendo ao seu redor, evitando envolvimento, principalmente no âmbito emocional além da sua conta, que por sinal é bastante discreta. Acredita que conhecimento é poder, e por isso concentra-se em obter e acumular informações sobre temas de seu interesse. E por ter a sensação de economia em relação ao seu tempo e energia evita dispersar-se com convívios sociais considerados excessivos, em sua concepção, é claro.

Padrões de pensamentos e sentimentos: Vive em sua própria mente com tendência a desconectar-se de suas emoções, mas em contrapartida é sensível às suas exigências emocionais. Caracteriza-se por sua limitação em relação aos sentimentos e raramente demonstra suas emoções publicamente.

Padrões de comportamento: Por ser reservado e introvertido, precisa de bastante tempo sozinho e evita interação com pessoas que podem lhe causar esgotamento. É bem analítico e objetivo. Econômico em suas palavras. "Ótimos ouvintes e pouco falantes". Geralmente tem poucos amigos próximos com o privilégio de sua confiança, e com estes é capaz de se expressar um pouco mais.

Paixão: AVAREZA. Economia de tempo, energia, espaço e recursos materiais motivados pelo medo da escassez. A questão não é necessariamente acumular, mas sim manter o que já tem. Independentemente da quantidade já adquirida, tem como "pano de fundo" a sensação de perder o pouco que tem, gerando o Apego e Avareza como paixão desse tipo. Então os empenhos nesse sentido são as principais características comportamentais e emocionais do TIPO 5.

SUBTIPOS 5

TIPO 5 PRESERVACIONAL: CASTELO

O TIPO 5 PRESERVACIONAL expressa sua avareza colocando seu foco no limite, em uma necessidade de estar, de certa forma em um santuário, onde se sente protegido, tendo controle dos seus limites. É orientado pela paixão em se esconder atrás das paredes do seu "castelo" e sentir que tem todas as condições de sobrevivência dentro "delas". Tenta limitar suas **necessidades, assim como seus desejos, evitando depender dos outros.**

TIPO 5 SOCIAL: TOTEM

Expressa sua avareza na necessidade por idéias surpreendentes, relacionadas a outros, com interesses em comum, mediante conhecimentos e valores compartilhados, porém, sem conexão emocional. Esse subtipo refere-se à paixão por valores mais elevados e na busca de um significado para evitar uma vida vazia, sem sentido.

TIPO 5 SEXUAL: CONFIDÊNCIA

Tem certo ar romântico. Expresse sua avareza em uma busca por exemplares ideais de amor absoluto. A referência "confidência" está relacionada à necessidade de encontrar a parceria que preencha esse ideal. Às vezes lembra o TIPO 4, pois é o mais emocionalmente sensível dos três subtipos e o que mais sofre, além de ter claros desejos. Sua vida interior, bastante vibrante, pode ser expressa na criação artística, mas mesmo assim, ainda estará desconectado dos outros.

SÍNTESE - TIPO 5: Você conhece aquele tipo de gente que entra mudo e sei calado? Geralmente na infância, encontraram um mundo hostil, talvez frio ou solitário, e "preferiram" recuar pra dentro de si, vivendo seu mundo interior, com tendência tímida e isolada, cultivando certa avareza, não só no sentido material, mas muito no sentido emocional. Nos dois sentidos têm medo de perder o pouco que têm, conforme sua consideração em um nível emocional, baseado em sua história de vida. Têm medo que invadam seu espaço e não se metem na vida de ninguém para que não se metam na deles. Falam pouco e são ótimos ouvintes. Costumam ter poucos amigos, mas os que considera têm lugar especial na sua estima. Preferem viver seu mundo interior e suas atividades pessoais a viver o mundo social, passando pelos ambientes, muitas vezes de forma despercebida, principalmente quando assim desejam. Às vezes reagem tornando-se líderes respeitados, mostrando para o mundo do que são capazes, mas sempre com discrição peculiar. Além de muito econômicos na fala, também o são, principalmente nas atitudes que demonstram sentimentos. Muitas vezes sentem-se cansados depois de encontros, principalmente quando são requisitados além da sua vontade. É recomendável que procurem se socializar, saindo um pouco do seu mundo e relacionando-se mais com o mundo exterior.

Nesse tipo a predominância é masculina.

DICA PARA CONVIVÊNCIA COM ALGUÉM DO TIPO 5

Como agradar, e porque não dizer, respeitar um TIPO 5? – Dê espaço para que ele possa recarregar suas energias, evite surpresas diferentes ou muito inesperadas, mostre interesse pelas coisas que ele diz, respeite seu espaço físico, evite falar demais ou fazer perguntas pessoais além da conta, seja direto e fale com sinceridade.

O medo do TIPO 5 está relacionado ao

medo de perder o pouco que tem

a um nível sensorial e muitas vezes inconsciente.

ESPAÇO PARA REFLEXÃO

Você costuma acumular objetos, alimentos, recordações, dinheiro? Sente dificuldade de gastar, abrir-se, compartilhar? Tem medo de precisar de algo no futuro e não ter? Descreva também qualquer característica ou lembrança relevante relacionada ao TIPO 5/SUBTIPOS que tenha despertado a sua atenção, incômodo ou tenha se identificado:

....

....

....

....

....

....

....

....

....

....

....

....

....

....

....

....

....

....

....

TIPO 6: MEDO
PAIXÃO OU MECANISMO DE DEFESA?

Foco de atenção: Tende a focar no que pode não dar certo. Assim, cria uma estratégia preparando-se para os possíveis resultados. Pelas experiências com o medo e o perigo, o TIPO 6 busca estratégias direcionadas a detectar riscos, ameaças e a lidar com o medo.

Padrões de pensamento e sentimento: Nesse caso os três subtipos diferem bastante devido às diversas formas com as quais lidamos com o medo: fuga, enfrentamento ou paralisação. Usando pensamento analítico e estratégico, o TIPO 6 imagina e faz o possível para administrar a incerteza e sentir-se seguro; o que nem sempre gera resultados desejados. Por causa do medo que geralmente sente com bastante intensidade, tende a ter menos acesso aos outros sentimentos nessa comparação.

Padrões de comportamento: Geralmente atento e alerta, sendo a questão da autoridade de presença notória em seu comportamento. Mesmo podendo desconfiar e demonstrar rebeldia com determinadas autoridade, revela intenso desejo de seguir uma liderança que reconheça como boa. Costuma ser fiel, gentil e atencioso com os merecedores de sua confiança.

Assim como pode ser um bom trabalhador, decidido em realizar as tarefas propostas, há os que, conforme suas condições e circunstancias, podem ter dificuldades, gerando procrastinação, indecisão e até MEDO DO SUCESSO. O foco constante no que pode dar errado é capaz de comprometer ou atrasar a resolução de problemas, mas também tem potencial de gerar bons resultados quando as possibilidades de erros são eliminadas de forma objetiva.

Paixão: MEDO. Sendo o medo um mecanismo de defesa perante situações de perigo, em geral trás consigo a ansiedade, que pode incluir apreensão, tensão e desconforto ao antecipar o perigo, muitas vezes sendo de causa desconhecida ou não reconhecida, podendo ter sua origem na própria mente.

SUBTIPOS 6

TIPO 6 Preservacional: Afeto

Expressa a paixão pelo medo através da necessidade de proteção e amizade, o que o leva a se agrupar aos outros. Ao buscar alianças protetoras, se reforça em ser afetuoso demonstrando amizade e confiança. Por ser o mais fóbico dos subtipos 6, enfrenta dificuldades em expressar raiva, sente-se inseguro e certamente, com muitas dúvidas a respeito de si mesmo. Nesse subtipo o medo se manifesta como insegurança e ele vê nos relacionamentos uma forma de se sentir protegido.

TIPO 6 Social: Dever

Expressa seu medo e ansiedade em situações onde é gerada a imposição de ter que confiar em razões abstratas ou em ideologia como modelos de referência. Obedecer a uma autoridade perante o conhecimento das regras o ajuda a se sentir seguro nas circunstâncias. Ao contrário do tipo 6 social, age com mais assertividade e pode até se sentir seguro demais como maneira de lidar com a ansiedade da incerteza. Por ter o foco na precisão e na eficiência, tende a aderir a qualquer norma como **forma de conquistar uma autoridade protetora.**

TIPO 6 Sexual: Força e Beleza

Esse é o contratipo ou contraego. Torna-se forte e intimidante como forma de negar seu próprio medo. Por confiar mais em si que nos outros, se move pela programação interna, de que quando se sente amedrontado, a melhor defesa é o ataque. Exibe postura poderosa, tanto no que faz, como da maneira como se apresenta, visando ser respeitado e manter o inimigo à distância. Nesse caso, a ansiedade é aliada a habilidade e presteza ao confrontar um ataque.

SÍNTESE - TIPO 6: As personalidades mais medrosas geralmente foram intimidadas (e limitadas) por uma criação autoritária. Sentem-se em dúvida de si mesmas e culpadas, punindo-se ao agirem de uma maneira considerada errada ou inadequada às circunstâncias. Daí a tríade, MEDO, DÚVIDA e CULPA, como marca registrada desse tipo. Há uma forte tendência para a timidez, mas outros se direcionam para o autoritarismo. Podem também adquirir tendências paranóicas, pois podem ser bastante desconfiados. Muitas vezes têm medo dos seus próprios sentimentos. Podem tornar-se prolixas, e por isso, cansativas, com excessos de explicação e repetição, transformando sua fala em uma verdadeira ladainha. Querem ter tanta certeza que estão sendo compreendidos que muitas vezes ao falar de si, por ironia, insistem em explicar ao máximo, mesmo aquilo que ainda não entendem muito bem. Como já foi explicado, sentem-se inseguros e em dúvida a respeito de si, culpando-se com frequência, devido aos sentimentos de autorreprovação e menos valia.

Tendem a não confiar em situações novas ou desconhecidas. Mesmo que nem sempre seja algo possível, buscam certeza total antes de tomar decisões que possam gerar riscos. Geralmente têm o padrão de remoer suas preocupações.

Nesse tipo a predominância é masculina.

DICA PARA CONVIVÊNCIA COM ALGUÉM DO TIPO 6

Para uma boa convivência com o TIPO 6, haja com lealdade e transmita confiança, entenda seus medos e auxilie no processamento deles, ouça com atenção e empatia. Esteja preparado para conversas honestas, muitas vezes prolixas.

O TIPO 6 tem como paixão o próprio **medo** que se manifesta de forma SOCIAL, PRESERVACIONAL e de maneira contrafóbica, que é o contraego.

ESPAÇO PARA REFLEXÃO

Você costuma antecipar situações para que nada saia errado? Ou costuma demorar em agir Tem medo de precisar de algo no futuro e não ter? Consegue tomar decisões em tempo adequado? Ou avalia demais e perde o ***timing***? Como você lida com seu senso de dever? Descreva também qualquer característica ou lembrança relevante relacionada ao TIPO 6/SUBTIPOS que tenha despertado a sua atenção, incômodo ou tenha se identificado:

....

....

....

....

....

....

....

....

....

....

....

....

....

....

....

....

....

....

TIPO 7: GULA

MEDO DA DOR E BUSCA INCESSANTE DO PRAZER

Foco de atenção: Evita sentimentos não agradáveis, focando no que é prazeroso e mantendo seu otimismo a ponto de se empenhar em transformar negatividades em positividades: sejam em pensamentos, expressões, pessoas e/ou circunstâncias. Devido ao medo de permanecer em situações desconfortáveis, aprende a ter pensamento rápido e soluções criativas para gerar situações futuras mais positivas.

Padrões de pensamento e sentimento: Por ter poder de síntese e agilidade mental, encontra facilidade em fazer rápidas associações e até mesmo de encontrar conexões entre assuntos diferentes. Emocionalmente gosta de sentir felicidade, alegria e entusiasmo, rejeitando sentir o medo, angustia, tristeza, tédio, dor, desconforto e todos os outros sentimentos desagradáveis, contrários ao bem estar. "Porque sentir dor se é possível a felicidade?" E quanto à gula ligada à fuga da dor e a busca incessante do prazer: "Se um pouco é bom, porque não muito?"

Padrões de comportamento: O TIPO 7 é bastante energético, ativo, inovador e tende a ser acelerado. Geralmente tem várias atividades e muitos interesses, aos quais se dedica com bastante entusiasmo, mas pode mudar de idéia ao aparecer algo ou situações mais interessantes. Sente-se muito bem ao planejar tudo que é divertido, assim como ter à sua disposição muitas opções, mantendo seu astral em alta e mudar para uma opção mais prazerosa, caso um plano não dê certo ou se torne indesejável.

O TIPO 7 geralmente se cuida, evitando problemas relacionados à saúde e ao bem estar.

Paixão: GULA. Popularmente a gula é relacionada a comer em excesso.

Porém, no Eneagrama trata-se da paixão pelo prazer e o desejo por mais e mais, às vezes uma compulsão, mais leve ou mais intensa, em consumir aquilo que lhe dá prazer. Físico, social, intelectual, etc. A idéia de querer abraçar o mundo com as mãos.

SUBTIPOS 7

TIPO 7 Preservacional: "Defensor do Castelo"

Expressa sua gula ao fazer alianças e criar oportunidades para lograr vantagens. Pragmático e egoísta, gera segurança ao criar um bom *networking* e na atenção às oportunidades que lhe garantem sucesso e sobrevivência. A expressão "defensor do castelo" refere-se à forma de estabelecer uma rede partidária de aliados, por meio da qual cria segurança e satisfaz os próprios desejos. Sempre animado e amigável, sente amor pelo prazer e tende a conquistar seus objetivos.

TIPO 7 Social: Sacrifício

Esse é o contraego. Sendo contratipo, se posiciona contra a gula, esforçando-se conscientemente para se colocar a serviço dos outros. Evitando explorar as pessoas, norteia-se por ser bom e puro, sacrificando suas próprias necessidades em prol de apoiar as dos outros. Sente paixão por ser visto e consegue se virar com pouco. Expressa idealismo e entusiasmo como forma de se provar ativo e valorizado no mundo.

TIPO 7 Sexual: Sugestionabilidade

O tipo 7 sexual expressa sua gula na necessidade de imaginar algo melhor que as circunstâncias atuais ou realidade comum. Trata-se de um sonhador idealista e otimista, guloso por coisas de um mundo maior, apaixonado por viver na sua própria imaginação. Assim, vê o mundo através de uma "lente cor-de-rosa". O nome "sugestionabilidade", refere-se ao fato dele ser um pouco inocente e em consequência disso, hipnotizável. Geralmente é irreverente e bastante entusiasmado, centrando-se em fantasias prazeirosas e excitantes possibilidades, acreditando que pode realizar qualquer coisa.

SÍNTESE - TIPO 7: Devido ao medo entrar em contato com sua dor interna, tem como direcionamento o medo da dor e a busca incessante do prazer por meio dos órgãos dos sentidos, mas principalmente do intelecto. Prazeres físicos, intelectuais e no âmbito social. Tentam "abraçar o mundo com as mãos". Pessoas com tais características não são necessariamente constantes ao que se dedicam, mas extremamente gulosas naquilo que se interessam ou se empenham. Se gostarem de cinema, assistem a todos os filmes. Em contrapartida, geralmente se cuidam em todos os aspectos, como saúde e bem estar, pelo medo do sofrimento e claro, pela busca do prazer. Têm facilidade com o tema de autoajuda e quando se interessam tornam-se peritos no assunto. Aliás, têm uma forte tendência ao uso exagerado do otimismo e do pensamento positivo. Muitas vezes inteiram-se muito bem dos assuntos que lhes interessam, mas em outras, basta um contato com o tema para sinceramente se sentirem conhecedores. É possível que ao lerem o prefácio de um livro, já se sintam aptos a recomendar aquela leitura, como se a conhecessem com profundidade. São os charlatões de si, pois enganam a si mesmos para evitar o contato com sua realidade íntima. São críticos e não admitem o que consideram ignorância humana. Tendem a falar muito, sabendo manipular bem as palavras. Estão sempre fazendo alguma coisa e são muito sonhadores, tendo constantemente grandes projetos ou grandes ideais em mente. Fogem para o intelecto por medo, muitas vezes inconsciente, de entrar em contato com seus próprios sentimentos. Gostam de variedade e espontaneidade e tendem a se entediar com a rotina. Têm dificuldade em finalizar algo e estão sempre prontos para uma nova aventura.

O contratipo, mesmo tendo o processo da "gula" mostra-se bem distinto, discreto e diferente de muitos dos padrões apresentados até então.

A predominância é masculina.

DICA PARA CONVIVÊNCIA COM ALGUÉM DO TIPO 7

Como agradar um TIPO 7? - Esteja preparado para aventuras. Surpresas fora da rotina são bem vindas. Escute com atenção seus sonhos e vontades, suporte suas idéias criativas e se possível e esteja presente nos seus planos.

O principal medo do TIPO 7 é o **medo da dor**

e em consequência a busca incessante do prazer.

Esta piada retrata como alguns TIPOS 7 têm tendência a escapulir dos problemas. Claro que tem uma conotação exagerada.

— Certa vez em um domingo pela manhã, um carioca prepara sua caixa de isopor com bastante cerveja e material de pesca e diz pra sua mulher: "Mulher: vou pescar!" E sai de casa bem cedo.

No final da tarde, quase a noite ele retorna bêbado e com cheiro de peixe. Sua mulher em tom nervoso, diz pra ele: — "Como que você passa o dia fora e me deixa aqui sozinha? Nossa empregada veio pra cá com algumas questões importante a tratar!"

Ele responde: "Que é isso mulher? Isso é problema seu."

Ela: "Mas ela disse que está grávida!"

Ele: "Isso é problema dela, mulher!"

Ela: "Mas ela disse que o filho é seu!"

Ele: "Bom, isso já é problema meu!"

Já pensou?

ESPAÇO PARA REFLEXÃO

Descreva as características ou lembranças relacionadas ao TIPO 7/SUBTIPOS que tenham despertado a sua atenção, incômodo ou tenha se identificado:

....

....

....

....

....

....

TIPO 8: LUXÚRIA

FORÇA, CAPACIDADE E CORAGEM OU MEDO DA FRAGILIDADE?

Foco de atenção: Foca sua atenção no poder e no controle. Pensa grande, mas em geral detesta lidar com detalhes. Vê o mundo dividido entre fracos e fortes e sem pestanejar se coloca entre os fortes, evitando ao máximo sentir-se fraco. MEDO DA FRAGILIDADE, geralmente inconsciente.

Padrões de pensamento e sentimento: Apresenta fácil tendência à raiva (de modo inconsciente) e evita demonstrar sentimentos de vulnerabilidade. Parece destemido é intimidador em situações de confronto. Tende a assumir o controle e não gosta de receber ordens. Seus pensamentos são radicais e na sua concepção sabe sempre o que é melhor.

Padrões de comportamento: É bastante energético, com capacidade para grandes feitos e confrontos sempre que necessário. Mesmo não tolerando fraqueza, é defensor dos fracos e oprimidos, se esses lhe importam. Tende a ser *workaholic*, trabalhando excessivamente, sem levar em conta seus limites físicos. Mesmo com sua resistência adquirida, é possível que adoeça devido ao seu exagero em vários aspectos. Trabalho, hábitos, descuidados, etc. Evita sentimentos vulneráveis por medo inconsciente da fragilidade e talvez para que seu notável "pique" não diminua.

Tem uma característica que chama bastante atenção e sua intensidade varia conforme o subtipo: Em suas atividades relacionais é bastante radical. "Ou ama ou descarta".

Paixão: LUXÚRIA. Precisa de intensidade. Precisa de "muito" para se sentir vivo. Atua de forma impulsiva buscando preencher seu vazio por meio do estímulo físico. Nesse entendimento, a luxúria implica uma paixão pelo excesso ou apaixonar-se em demasia cuja satisfação sexual é a única forma possível de gratificação, porém a busca da intensidade nas atividades de modo geral caracteriza bem esse tipo.

SUBTIPOS 8

TIPO 8 Preservacional: Satisfação

O tipo 8 autopreservação expressa a luxúria focando em conseguir tudo que precisa para sua sobrevivência, em seu próprio entendimento, é claro. Deseja satisfazer suas necessidades materiais e apresenta forte intolerância à frustração. Sabe sobreviver a situações difíceis se sente onipotente quando se trata de conseguir o que concebe como necessário. É o mais armado, porém menos expressivo dos três subtipos.

TIPO 8 Social: Solidariedade (contratipo)

Interessante que o tipo 8 social expressa a luxúria e a agressão em servir aos outros. É o mais útil, aparentemente menos agressivo e mais leal que os outros dois subtipos. O termo solidariedade advém da tendência desse tipo de oferecer auxílio quando as pessoas precisam de proteção.

TIPO 8 Sexual: Posse

Expressa a luxúria por meio da rebeldia e da necessidade de concentrar a atenção de todos. É bastante intenso e carismático e deseja controle, influência e poder sobres as coisas e pessoas de forma notória. O termo "posse" advém do controle energético da cena por inteiro; da necessidade de se sentir poderoso, ter o domínio de todo o ambiente.

SÍNTESE - TIPO 8 - Assim como aquele que ao entrar em contato com um mundo hostil, isola-se em si mesmo, existem aqueles que se enrobustecem para sobreviver. Por isso precisam de muita intensidade em tudo que fazem para se sentirem vivos. Criam couraças para se protegerem do mundo e, nesse aspecto, tornam-se fortes e muitas vezes "durões". Provavelmente receberam criação hostil ou foram jogados ao mundo e se defenderam dessa forma. São vingativos, geralmente do tipo "bateu levou", não deixando pra depois, e não costumam ter escrúpulos. São defensores dos fracos e oprimidos, mas antagonicamente, intolerantes à fraqueza humana.

Aparentemente são desprovidos do medo, mas muito temem entrar em contato com a possibilidade de sua fragilidade. Geralmente têm muita capacidade física, sexual e capacidade de trabalho, empreendimentos, etc. Dificilmente se cansam e por terem tal capacidade acima da média, acham que todos deveriam ter o mesmo ritmo, ou seja, serem basicamente incansáveis, o que não facilita a compreensão dos que não acompanham seu "pique".

Tendem a agir por conta própria, nem sempre se submetendo às leis, e mais do que poderosos, sentem-se como se fossem o próprio pode. Muitas vezes passam por cima dos outros e das situações para conseguirem o que querem, tendo a atitude de tomar ao invés de pedir. Outras como, defensores dos fracos e oprimidos, principalmente daqueles que ama, mas em antagonismo, detestam a fraqueza. Podem ter surtos de generosidade inusitados, pois por traz da dureza que apresentam, podem ter um coração proporcional à sua força. Têm muita dificuldade em confiar nas pessoas e também por isso desenvolvem um caráter de autossuficiência. Não deixar as coisas pela metade é o seu padrão.

Quando não ocupam cargos de poder, costumam estar ligados aos que ocupam, seja nos ambientes políticos, sociais ou de trabalho. Tudo indica que muitos mafiosos têm relação com tais características, onde fazem suas próprias leis.

Claro que com o processo evolutivo as mudanças se tornam possíveis e um tipo como esse pode muito bem exercer seu potencial para edificações.

As mulheres desse tipo podem ter características masculinas, mas com certeza, a predominância é masculina.

DICA PARA CONVIVÊNCIA COM ALGUÉM DO TIPO 8

Como manter a harmonia com um TIPO 8? - Aprecie sua força, energia e atitudes. Dê espaço sempre que ele precisar. Tenha opinião formada e aja com sinceridade. Não tenha medo de discordar de nada. Esteja presente em suas conquistas.

O medo básico do TIPO 8 é o **medo da fragilidade** nos aspectos gerais.

ESPAÇO PARA REFLEXÃO

Descreva as características ou lembranças relacionadas ao TIPO 8/SUBTIPOS que tenham despertado a sua atenção, incômodo ou tenha se identificado:

....

....

....

....

....

....

....

....

....

....

....

....

....

....

....

....

....

TIPO 9: PREGUIÇA
EGO MATERNAL

Foco de atenção: Foca sua atenção nos outros e no que está acontecendo à sua volta, usando essa estratégia de forma inconsciente para evitar conflitos e manter-se em harmonia. A tendência do TIPO 9 é sintonizar-se com o que deduz que as pessoas querem ou precisam, sem ter a ideia muito clara sobre seus próprios planos.

Padrões de pensamento e sentimento: Busca estar bem com os outros sem criar conflitos. Geralmente é estável emocionalmente, não sentindo tanto os altos e baixos. Tende a dissociar-se da raiva como forma de evitar conflitos ou situações separatistas. Por isso é possível que se extravase por meio de teimosias, comportamentos passivo- agressivos, ou ainda ocasionais explosões (nem tão comum).

Padrões de comportamento: Gosta de seguir o fluxo, acomodando--se com os planos dos outros automaticamente, evitando dessa forma, expressar qualquer preferência geradora de conflitos; porém, é possível que resista mais tarde de forma passiva, quando algumas manifestações do seu desejo latente acabam por virem à tona. Trata- se de um ótimo mediador por perceber todos os lados da questão e por empenhar-se em evitar conflitos. Por isso tende a encontrar um meio termo nos pontos de vista conflitantes.

Paixão: PREGUIÇA. Refere-se à uma falta de ação da psique, uma rejeição inconsciente para ver e uma resistência em mudar, assim como uma aversão ao esforço, principalmente quando a questão é estar consciente dos seus próprios sentimentos, sensações e desejos. No entendimento do *Eneagrama*, essa paixão representa uma desatenção para consigo mesmo e falta de vontade no que se refere ao que acontece em seu interior, e não a preguiça em fazer as coisas como se conhece popularmente. É a preguiça de ser.

SUBTIPOS 9

TIPO 9 Preservacional: Apetite

Troca a conexão contínua com seus próprios sentimentos, desejos e poder pela interação às atividades de rotina e aos confortos físicos: comer, dormir, ver televisão, talvez ler ou fazer palavras cruzadas. São mais concentrados no dia a dia que em abstrações.

TIPO 9 Social: Participação (contratipo)

Nesse subtipo a preguiça se manifesta quando, ao se esforçar para fazer parte dos grupos, se conecta com seu íntimo. Tem personalidade amorosa, simpática e sociável, pode vir a ser *workaholic* e até mesmo priorizar as necessidades do grupo acima das suas, caracterizando o subtipo contraego, com alto nível de atividades.

TIPO 9 Sexual: Fusão

Expressa a paixão da preguiça ao se fundir com pessoas que considera importante na sua vida, de tal forma que inconscientemente adota opiniões, atitudes e até sentimentos dos outros. Até mesmo, porque muitas vezes tem dificuldades em resolver as coisas por si. Tende a ser amável e gentil, de personalidade tímida e não muito assertiva.

SÍNTESE - TIPO 9: Por medo do contato com sua intimidade, um dos mecanismos de fuga ou defesa é a preguiça. Nesse caso não se trata da preguiça de fazer, mas sim de ser, de sentir. Com predominância feminina, geralmente são super mães. Em um movimento inconsciente de fugir de si, existe uma tendência a busca do prazer como por comida, com tendência a engordar; por sexo (em circunstâncias propícias), etc. Geralmente não são vaidosas e não se interessam por lugares de liderança, nem por ocupar posições importantes.

Vivem através dos outros, principalmente dos filhos e também dos maridos, quando casadas, pois cuidam mais dos outros do que de si mesmas. Demonstram seus sentimentos pelo fazer, agradando com comidas e outros cuidados.

Não são dadas a papos intelectuais, nem a demonstrações afetivas, mas através dos cuidados são bastante aconchegantes. Mesmo sendo inteligentes têm preguiça de raciocínios elaborados. Tendem a procrastinar e não lidam bem com cobranças. Às vezes falam sem prestar atenção, mas não são "alugadores", a não ser pela tendência maternal, ao se preocuparem com a alimentação e outros cuidados em relação aos filhos, legítimos e também aos "adotados" (amigos, amigos dos filhos, etc.). E se forem professores adotarão seus alunos como filhos. É a típica "dona galinha e seus pintinhos". E Por trás disso tudo, também está o medo inconsciente do contato com seus sentimentos, com sua verdade.

DICA PARA CONVIVÊNCIA COM ALGUÉM DO TIPO 9

Como ter uma boa convivência com um TIPO 9? - Seja paciente com suas escolhas e muitas vezes com suas indecisões. Porém, incentive e as apóie. Esteja presente na sua rotina. Dê apoio às suas opiniões. Tenha momentos de qualidade juntos.

O medo do TIPO 9 tem certa semelhança com o TIPO 7. Trata-se do **medo de entrar em contato com sua intimidade**, com as condições que lhe desagradariam, e a fuga por meio de prazeres e cuidado com os outros.

ESPAÇO PARA REFLEXÃO

Descreva as características ou lembranças relacionadas ao TIPO 9/SUBTIPOS que tenham despertado a sua atenção, incômodo ou tenha se identificado:

....

....

....

....

....

....

VIRTUDES

Nos primeiros contatos com o Eneagrama, inicialmente aprendíamos a respeito dos tipos e em seguida era gerado um processo para que houvesse a identificação. Em outra fase, mais adiante, eram ensinadas as interações entre os tipos e então os subtipos. E só depois, falava-se nas virtudes. Um dos objetivos das virtudes não serem reveladas imediatamente, era para que o aprendiz não se arvorasse em se projetar como um "pretenso santo", por assim dizer. A virtude não é fabricada, não é fruto do ego e sim, a essência, um "atributo Divino", uma condição que se manifesta como resultado da evolução de cada um. Assim, há uma virtude específica relacionada a cada tipo.

Após uma reflexão se deveria trazer esse assunto nesse contexto, acredito que depois dessa explicação fica mais fácil uma compreensão geradora de utilidade, no sentido de que, mesmo que o indivíduo não viva o tempo todo em estado de bem aventurança, certamente terá momentos de tal magnitude em sua vida, e assim, ao reconhecê-los poderá valorizá-los e vivenciá-los da melhor maneira possível, livre da indiferença, de enganos e de apegos.

Assim como pra cada tipo, há uma virtude específica, note que elas se manifestam exatamente em antagonismo com a paixão de referência.

TIPO	PAIXÃO	VIRTUDE
1	IRA	SERENIDADE
2	ORGULHO	HUMILDADE
3	VAIDADE	VERACIDADE
4	INVEJA	EQUANIMIDADE
5	AVAREZA	DESAPEGO
6	MEDO/ANSIEDADE	CORAGEM
7	GULA	SOBRIEDADE
8	LUXÚRIA	INOCÊNCIA
9	PREGUIÇA	AÇÃO ESSENCIAL

QUADRO DE APOIO PARA REFLEXÕES:

TIPO	PAIXÃO	MEDO		VIRTUDE
1	IRA	PERDER O CONTROLE		SERENIDADE
2	ORGULHO	SOLIDÃO		HUMILDADE
3	VAIDADE	NÃO SATISFAZER AS EXPECTATIVAS ALHEIAS		VERACIDADE
4	INVEJA	REJEIÇÃO		EQUANIMIDADE
5	AVAREZA	PERDER O QUE TEM		DESAPEGO
6	MEDO/ ANSIEDADE	TRANSGREDIR		CORAGEM
7	GULA	DOR		SOBRIEDADE
8	LUXÚRIA	FRAGILIDADE		INOCÊNCIA
9	PREGUIÇA	ENTRAR EM CONTATO COM A PRÓPRIA INTIMIDADE/ CONFLITO		AÇÃO ESSENCIAL

"Calmamente ativo e ativamente calmo; um príncipe da paz sentado no trono do equilíbrio, dirigindo o reino da atividade."

Paramahansa Yogananda

CONCLUSÃO

O estudo do Eneagrama pode ser visto de forma simples ou complexa. SIMPLES, quando encontramos a compreensão clara e libertadora. E COMPLEXA, por haver inúmeras informações que se relacionam de forma dinâmica. Assim, o entendimento pode ser crescente ao longo do tempo, estudo, experiências e observação.

Importante evitar se rotular, assim como rotular os outros; mas sim estudar as características que causam incômodos pessoais e sociais, buscando causas e transformações por meio do entendimento e da compreensão.

E então? Qual é a importância e a utilidade de tudo isso? O objetivo é galgar a tão desejada liberdade.

Sabemos que formação da personalidade tem como objetivo a busca da continuidade e da sobrevivência, bem como das necessidades e desejos dela provenientes. Prazer, bem estar, saúde, mais e mais sensação e condições de segurança, e assim por diante.

O empenho consciente e inconsciente pela sobrevivência, além do físico, abrange o nível intelectual e o emocional. Mas nem sempre gera os melhores resultados, visto que sua base é a carência e o medo, pois na formação da personalidade, geralmente, muito dos acontecimentos estão pautados pela insegurança, frustração e falta de garantia em relação ao futuro. O medo de não ser aceito, do não pertencimento, de não ser amado, provoca, de maneira inconsciente, uma tremenda preocupação com a continuidade, com a sobrevivência; muitas vezes gerando cansaço, descrença ou ansiedade e hiper atividades.

Por outro ponto de vista, que considero mais amigável e interessante, nosso ego também é o nosso principal instrumento de evolução, pois na conscientização, superação e até no seu aprimoramento é que está nosso verdadeiro crescimento.

Por isso, muitas linhas filosóficas e espirituais preconizam o agradecimento pelos acontecimentos não considerados agradáveis, pois eles podem muito bem estar representando a magnetização e materialização do próprio ego e seus padrões repetitivos ao longo das décadas. E, por meio do reconhecimento e compreensão desses padrões é que se tornará muito mais fácil o encaminhamento no sentido do aprimoramento da forma como lidar com eles, ou até mesmo a sua superação.

Agradecer pelos sentimentos resultantes dos acontecimentos considerados inconvenientes ou frustrantes advém do entendimento que eles, ao se manifestarem, estarão mostrando a necessidade de serem curados. Assim, perante um acontecimento que poderia gerar sentimentos aversivos, a compreensão que de certa forma havia abertura ou permissão inconsciente para tal, e a troca dos sentimentos de vítima pelos de responsabilidade, além de nos facilitar a lidarmos melhor com nossas próprias condições perante a situação, também ficará muito mais fácil buscarmos ou encontrarmos respostas esclarecedoras.

Essa é uma das funções do Eneagrama das Personalidades. Lembrando que a conscientização, junto à necessidade, à vontade e à auto-observação são as portas bases para a transformação quando essa se faz necessária. Para que haja evolução é preciso que haja desenvolvimento.

Ao descobrir seu tipo ficará muito mais fácil colocar o foco em pontos realmente importantes a serem transformados, lembrando das relações fundamentais que existem entre eles. Da mesma forma, com a familiaridade do assunto, perceber nossos semelhantes facilita a compreensão, e se assim desejarmos, facilitará também nossos relacionamentos e convivências.

É possível que o leitor tenha dificuldades quanto à identificação do tipo, assim como é bem provável a identificação com características de dois ou mais tipos. A recomendação é que não haja preocupação quanto a isso, pois tal reconhecimento muitas vezes se dá através da auto-observação ao longo do tempo e o mais importante é detectar e focar nas características que precisam ser trabalhadas independentemente de uma identificação imediata.

Podemos dizer que estudar o Eneagrama, é de certa forma, estudar *"o que não é"*, o ego; com o objetivo, por meio da liberação das suas amarras, abrir espaço e condições para a manifestação *"do que é"*, ou seja, a verdade em nós. Muitos já estão conscientes dessa necessidade. Pois quem somos nós, qual é nossa verdadeira essência?

Quero completar essa conclusão, com um pedido de licença ao querido Sri Mooji para trazer com minha expressão uma linda compreensão dita por ele. Mesmo não lembrando as palavras exatamente, coloco entre aspas, por consideração e respeito. De antemão compreendo o nada como o esvaziamento *"do que não é"* e a abertura para que a essência Divina se manifeste em sua Realidade. Contudo, melhor que uma reflexão analítica é uma reflexão silenciosa.

"Quem busca experiências, é corpo.
Quem procura conhecimento, é mente.
Quem busca Deus, é amor.
Quem busca a verdade, é nada."
Sri. Mooji.

Muitíssimo grato!

LEITURA RECOMENDADA

Bíblia Sagrada - *Velho e Novo Testamento.*

Independente de crenças religiosas, muitas passagens da Bíblia funcionam perfeitamente como metáforas da formação da nossa personalidade, do nosso ego, da nossa história e das possibilidades de libertação.

A Essência do Bhagavad Gita - *Explicada por Yogananda.* Swami Kriyananda. Editora Pensamento-Cultrix Ltda, 2007.

Traz a estória de forma metafórica relacionadas ao tema proposto, nesse livro com os ensinamentos de Yogananda.

A Mecânica do Medo - *A aceitação de Si.* Mário Salomão. Série Mário Salomão. Editora Trampolim, 2018.

O Eneagrama Completo. Beatrice Chestnut. Tradução: Simone Palma. Editora Aleph Ltda. Selo Goya. 2019.

Pessoas Altamente Sensíveis. Elaine N. Aron. Editora Sextante, 2021.

*

Autobiogrlafia de um Yogue. Paramahansa Yogananda. Lotus do Saber Editora, 2009.

O Caminho do Coração. Henri Nouwen. Editora Vozes, 2018.

Co-Dependência Nunca Mais. Melody Beattie. Editora Record, 2001

Entre o Ser e o Ter. Gilberto Lima Júnior. Tagore Editora, 2021.

Escolha o Caminho Mais Fácil. Julia Rogers Hamrick. Editora Best Seller Ltda. 2017.

O Funcionamento da Mente. Augusto Cury. Cultrix Editora, 2016.

O Grande Livro do Ho'oponopono. Lue Bodin, Jean Graciet, Nathalie Lamboy. Editora Vozes, 2021.

Gurdjieff fala a seus alunos. G.I. Gurdjieff. Editora Pensamento. Título original: Gurdjieff Parle à Ses Élièves. Copyriht 1973 by Triangle Editions Inc., New York.

Histórias da Tradição Sufi. Edições Dervish, 1993.

O Livro Tibetano do Viver e do Morrer. Sogyal Rinpoche. Editora Talento. 2000.

A Loucura Cura. Guilhermo Borja. Editora Esfera, 2001.

O Mestre do Amor. Augusto Cury. Editora Sextante, 2006.

Os Nove Tipos de Personalidade – Um Estudo do Caráter Humano Através do Eneagrama. Dr. Cláudio Naranjo. Editora Objetiva, 1997.

Para Abrir o Coração. Chagdud Tulku. Editora Makara, 1961.

Os Quatro Compromissos. Don Miguel Ruiz. Editora Best Seller Ltda, 2009.

Quebrando o Hábito de Ser Você Mesmo. Dr. Joe Dispenza. Citadel Grupo Editorial. 2012.

O Romance com Deus. Paramahansa Yogananda. Self Realization Fellowship, 2013.

A Yoga de Jesus. Paramahansa Yogananda. Self-Realization Felowship, 2016.

*

Diretamente relacionados ao Enegrama são muitos livros, mas não considero muito didático maiores recomendações. Nesse caso "O Eneagrama Completo", além da riqueza em termos de pesquisa, faz bastante jus ao título.

Contato com o autor:

Conheça outros títulos da editora

ENEAGRAMA DAS PERSONALIDADES
TIPOS, SUBTIPOS E MEDOS DO EGO

Composto nas dependências da editora Pró-Consciência,
em formato 14,8 x 21 cm.
Impressão: Gráfica Athalaia
Brasília - DF

SATYAMEVA JAYATE
सत्यमेव जयते
Sozinha, a verdade triunfa!